MÉDAILLE COMMÉMORATIVE DU CENTENAIRE

DE LA SOCIÉTÉ DES PHARMACIENS DE ROUEN ET DE LA SEINE-INFÉRIEURE.

ÉTUDE

SUR LA

CORPORATION DES APOTHICAIRES

DE ROUEN

AUX XVIIe ET XVIIIe SIÈCLES

Par A. POUSSIER

ROUEN

IMPRIMERIE CAGNIARD (LÉON GY, SUCCESSEUR)

rues Jeanne Darc, 88, et des Basnage, 3

1902

ÉTUDE

SUR LA

CORPORATION DES APOTHICAIRES DE ROUEN

AUX XVIIe ET XVIIIe SIÈCLES

Jusqu'en 1508, les apothicaires et épiciers de Rouen durent se conformer aux statuts et ordonnances que successivement Philippe le Bel, Jean le Bon et Charles VIII avaient octroyés à toutes les corporations des apothicaires de France.

Ce ne fut que sous Louis XII que leur furent dressés des statuts particuliers, statuts confirmés plus tard par Henri III en 1588, Henri IV en 1596, Louis XIII en 1631 et Louis XIV en 1644.

Rédigés avec autant d'équité que de sage prévoyance, ces statuts délimitaient les droits et les devoirs de chacun et assignaient aussi bien à l'apothicaire qu'à l'épicier les priviléges qui leur étaient concédés.

Élus à la pluralité des voix, les apothicaires composèrent pendant longtemps le Bureau de la corporation ; ce ne fut que vers le milieu du xviiᵉ siècle que les épiciers devenus très nombreux obtinrent trois siéges sur six, comme gardes de la communauté.

Dans leurs nombreuses attributions, le syndic et les gardes avaient, premièrement, à procéder à la réception des nouveaux

maitres ; deuxièmement, à faire respecter les arrêts, lois et ordonnances concernant les priviléges de la profession ; troisièmement,
à visiter plusieurs fois par an les officines de leurs confrères et
les boutiques des épiciers et des ciriers, et quatrièmement, à
répartir d'une façon équitable sur tous les membres de la corporation les différents impôts dont ils étaient frappés.

MODE DE RÉCEPTION — LETTRES DE MAITRISE

Lorsqu'un apprenti désirait devenir maitre, il adressait au syndic
et gardes en charge une lettre dite *expositive*, demandant à être
examiné et à faire son chef-d'œuvre pour pouvoir exercer son
état dans une ville désignée.

Il joignait à sa supplique des certificats de bonnes mœurs, de
catholicité et de stage chez les différents maitres dans l'officine
desquels il avait travaillé.

Après avoir pris connaissance de ces différentes pièces, les
gardes apostillaient la requête et l'adressaient au médecin du roi
pour qu'il voulût bien fixer le jour et l'heure du premier examen.

Lorsque l'aspirant avait reçu notification de la décision du
médecin, il allait, accompagné d'un garde devant lui servir de
conducteur pendant toute la durée des épreuves, faire trois visites
à chaque garde et ancien garde ainsi qu'aux deux médecins devant
l'examiner.

La première pour leur annoncer le jour pris par le médecin du
roi pour la première séance, la deuxième pour leur porter le
programme imprimé de son chef-d'œuvre et enfin, la troisième,
pour les remercier et leur porter des honoraires.

Voyons maintenant comment un apprenti arrivait à décrocher
sa précieuse « lettre de maîtrise ».

Au jour fixé, l'aspirant se présentait au Bureau de la corporation, devant un jury composé généralement du médecin du roi,
comme président, et d'un de ses confrères, de trois gardes en
charge et d'anciens gardes.

Le médecin du roi adressait en latin un discours au candidat, discours auquel celui-ci devait répondre dans la même langue. Les gardes et les médecins posaient ensuite, toujours en latin, quelques questions sur les principes généraux de la pharmacie.

On s'ajournait à une époque ultérieure (environ deux ou trois jours) pour la deuxième épreuve qui consistait en un ou deux discours latins de la part des gardes, et d'une série de questions roulant sur la pharmacie chimique. Le troisième examen, le plus singulier de la série, consistait d'abord en une herborisation d'une durée de deux heures. Le lieu choisi, d'ordinaire, était le terrain avoisinant les eaux minérales de Saint-Paul.

Le dernier maître reçu, généralement choisi comme conducteur, muni par l'aspirant d'un *pic* et d'une *pouche*, arrachait les plantes qui lui étaient montrées et ce dernier les portait ou les faisait porter au Bureau de la corporation ; dans l'intervalle, une autre série de plantes recueillies au Jardin botanique étaient, avec les premières, présentées au candidat qui devait les déterminer et en faire connaître les principales propriétés.

Une quatrième séance était réservée à l'examen des drogues ; elle durait une heure environ.

A la cinquième réunion assistaient seuls les gardes, lesquels, dans le silence du cabinet, déterminaient le choix des préparations qui seraient données pour le *chef-d'œuvre*.

La sixième épreuve roulait sur l'explication d'auteurs latins, et formules magistrales rédigées par les médecins. Le candidat devait non seulement lire couramment les ordonnances, mais encore indiquer comment il s'y prendrait pour les préparer. Immédiatement après cette séance, on remettait à l'aspirant la liste des articles de son chef-d'œuvre, liste qu'il était tenu de faire imprimer comme nous le faisons encore pour nos synthèses.

A trois ou quatre jours de là, septième réunion au cours de laquelle avait lieu l'exposition des différents produits. On avait soin de placer au milieu de bonnes substances, d'autres de qualité inférieure, et dans la sélection judicieuse de ces drogues, le jury appréciait le savoir de l'apprenti.

Puis enfin, pendant trois ou quatre jours consécutifs, dimanches et fêtes exceptés, le candidat travaillait à ses préparations.

Il était surveillé à tour de rôle par les anciens gardes et aidé par son conducteur, généralement celui dont il prenait la suite lorsque celui-ci devait se fixer à Rouen.

Cette fonction d'aide préparateur était désignée par le titre bizarre de *Maître tenant la queue de la poêle !*

Huit jours après avait lieu l'assemblée générale des gardes et anciens gardes pour procéder au jugement du chef-d'œuvre, séance durant laquelle le candidat devait fournir nombre d'explications sur les opérations et sur l'emploi des drogues qu'il avait préparées. A l'issue de chacune des séances, le conducteur faisait sortir le candidat et le jury délibérait.

Si l'aspirant n'obtenait pas la majorité des suffrages, il était renvoyé à six mois (1).

Malgré des lettres de recommandations de hauts magistrats, nos apothicaires, soucieux de leur dignité, et fiers de leurs prérogatives, ajournaient fréquemment, impitoyablement, les candidats ignares ou coupables de supercherie dans la confection de leur chef-d'œuvre.

Mais, lorsque l'apprenti avait subi avec succès toutes ces longues épreuves, il était, le lendemain du jugement du chef-d'œuvre, devant les médecins, les gardes et maîtres apothicaires et épiciers, *déclaré solennellement capable et suffisant d'être reçu maître de l'état d'apothicaire, épicier, cirier.*

Le nouveau maître était alors tenu de verser à la « boëtte » de la communauté une somme de 700 livres, plus 3 ou 6 livres pour le Bureau des pauvres valides.

Quelques jours après, accompagné de tous les membres du jury, il allait prêter serment devant le Lieutenant Général du Baillage de Rouen qui lui délivrait sa lettre de maîtrise dûment signée par lui et les membres du jury, apothicaires et épiciers.

---

(1) Il y avait ordinairement deux sessions par an, l'une à Pâques et l'autre à la Toussaint.

Ainsi que vous le voyez, un examen d'apothicaire durait environ trois semaines et remplissait une douzaine de séances aussi fatigantes pour le candidat que pour les examinateurs.

Il ne faudrait pas croire cependant que ces derniers siégeaient gratuitement : ces examens, très nombreux à Rouen, constituaient pour ces messieurs un privilége rémunérateur.

Au cours des différentes séances, il était distribué, toujours aux frais du candidat, plus de 150 jetons de présence et le jeton avait une valeur représentative de 2 livres.

Si l'on compare la valeur de l'argent au commencement du xviii⁵ siècle au taux actuel de notre monnaie, on peut estimer à plus de 5,000 francs les frais de cet examen.

Il est vrai que le nouvel apothicaire, comme compensation, était invité à titre gracieux au plantureux banquet qui clôturait la session.

En vertu d'un arrêt du Conseil du roi, les apothicaires rouennais pouvaient délivrer des lettres de maîtrise valables dans toute la Normandie. Les apothicaires des *villes de loix* ou des localités de la province où existait une Jurande pouvaient, eux aussi, procéder à des réceptions, mais pour le ressort de ces villes seulement.

Les apothicaires de Lille, de Paris, de Lyon, jouissaient respectivement de cette même prérogative dans leurs provinces.

Aussi, est-on surpris en feuilletant le *registre de réception des apothicaires de Rouen* d'y voir figurer des noms d'apothicaires reçus pour des villes situées aux quatre coins de la province, alors qu'il existait au Havre, à Caudebec chef de Caux, à Honfleur, à Lisieux et à Caen des maîtrises ou des jurandes.

Nos apothicaires étaient en droit de faire subir de nouveaux examens à tous ceux de leurs confrères qui étaient détenteurs de lettres de maîtrises délivrées au dehors, *même avec privilége du Roy* voulaient s'établir dans une des localités de la Normandie. Il suffisait de la plainte d'un confrère adressée au syndic pour qu'aussitôt on rappelât le délinquant au respect des usages légalement établis. Si, par hasard, et cela se produisit plusieurs fois, le nouveau venu faisait la sourde oreille, il était traduit devant le Parlement qui le forçait à se soumettre ou à fermer boutique.

Il pouvait être délivré trois sortes de lettres de maîtrise, l'une pour l'apprenti devenant maître, une autre de gagnant-maîtrise comme fils de maître et enfin une troisième de gagnant-maîtrise avec le privilège des hôpitaux.

Dans le premier cas, l'apprenti était reçu, ce que l'on pourrait appeler au tarif plein ; cela lui coûtait comme je l'ai dit tout à l'heure, environ 1,000 livres.

Le privilège de fils de maître abaissait le tarif de 500 livres. Quant au troisième, il était reçu gratuitement.

Il est bon de dire qu'il était resté comme garçon apothicaire au service des pauvres et des malades, soit pendant une période de six ans à l'Hospice ou douze années à l'Hôtel-Dieu. Le service dans les hôpitaux, aussi bien pour les apothicaires que pour les chirurgiens, était gratuit. Ils y étaient logés et nourris, recevaient par an deux habits de drap noir et un chapeau de castor de 6 livres : 100 livres à titre d'indemnité annuelle constituaient leur argent de poche.

De tout temps, l'apothicaire gagnant-maîtrise logeait à l'hôpital et ne pouvait exercer son art en ville. Par une tolérance regrettable, les directeurs autorisèrent un jour un sieur Jalama, leur apothicaire, à demeurer au dehors et d'y ouvrir boutique tout en conservant son poste à l'Hospice-Général.

Les apothicaires adressèrent une réclamation à l'administration, qui fit la sourde oreille, et les choses restèrent ainsi jusqu'au moment où le sieur Jalama désira résilier ses fonctions.

A cette époque, la Commission administrative désirant un titulaire adressa une requête aux apothicaires tendant à faire délivrer une lettre de maîtrise à un apprenti qui venait d'accomplir ses six années de stage à l'hôpital. Le bureau des apothicaires répondit à la supplique par un mémoire rappelant que d'après l'Édit de 1681, le gagnant maîtrise devait loger à l'hospice et non comme cela s'était produit, habiter au dehors, s'y établir, et par suite faire concurrence aux apothicaires de la ville.

L'administration hospitalière ne voulant prendre aucun engagement, les apothicaires se retournèrent vers le comte de Saint-Florentin, ministre et secrétaire d'État, qui leur donna raison.

Dans l'intervalle de toutes ces démarches, le candidat fatigué d'attendre avait quitté Rouen et grâce à son stage à l'hôpital avait pu se faire recevoir gratuitement à Paris.

Cette querelle fut loin d'être stérile pour la science, car si les apothicaires eurent raison de la résistance de l'administration des hospices, elle procura à la France un naturaliste de plus et non des moins distingués.

Le candidat s'appelait Valmont de Bomare, et il y a tout lieu de croire que s'il était resté à Rouen, surtout à cette époque, il ne nous aurait jamais légué les travaux considérables qu'il a produits.

Actuellement, un pharmacien reçu reste pharmacien jusqu'à la fin de ses jours, qu'il exerce ou non ; il n'en était pas de même autrefois, on était apothicaire tant que l'on était possesseur de sa lettre de maîtrise, et quand on voulait se démettre de son titre, ce qui arrivait parfois, on renvoyait sa lettre au Bureau de la Corporation par ministère d'huissier.

Le nom du démissionnaire était rayé du tableau et ne figurait plus sur l'état de répartition des impôts.

Le titre d'apothicaire qui pouvait être considéré comme une charge présentait une autre particularité; il était reversible sur la veuve.

En effet, au décès d'un apothicaire établi, sa veuve pouvait, tant qu'elle le voulait, faire gérer son officine par un aide capable sous la surveillance du syndic. Et lorsqu'elle voulait céder sa pharmacie, elle était tenue de restituer *par exploit* au Bureau la lettre de maîtrise de son mari.

DÉFENSE DES INTÉRÊTS PROFESSIONNELS

L'attribution de leur charge qui leur causa le plus d'ennuis, et à laquelle ils ne faillirent jamais, fut la défense de leurs intérêts professionnels.

A l'encontre de la situation actuelle faite aux pharmaciens, l'apothicaire d'autrefois devenait presque toujours riche, très riche même.

Pour ôter à tous la velléité qu'ils auraient pu avoir d'augmenter ou d'abaisser leurs prix, nos bons maîtres avaient eu soin de rédiger un prix-courant d'un tarif honnêtement rémunérateur, l'avaient fait approuver par le collége des médecins et homologuer par le lieutenant général de police. Ce tarif était imprimé aux frais de la Corporation et distribué gratuitement dans toutes les officines. Tous étaient tenus de s'y conformer strictement sous peine d'une amende de 10 livres envers les pauvres par chaque infraction.

La position de l'apothicaire était très enviée.

Instruits, traités avec égard, ils allaient de pair avec les médecins, laissant loin derrière eux les chirurgiens associés aux barbiers.

Peu nombreux (on en comptait à peine huit ou neuf il y a deux cents ans, et une douzaine à peine en 1789), ils réalisaient de gros bénéfices, malgré la concurrence déloyale des épiciers et empiriques qui pullulaient alors.

Aussi, pour sauvegarder leurs intérêts, en firent-ils condamner des centaines. Les produits délictueux étaient saisis et confisqués, les meilleurs d'entre eux envoyés aux hôpitaux, les autres détruits ou jetés à la Seine.

Chaque contravention était de plus augmentée d'une amende variant de 500 à 1,000 livres, qui allait grossir le coffre de la Communauté.

Il n'y eut pas que les épiciers, chirurgiens et empiriques qui se virent l'objet des poursuites de nos ancêtres, les couvents en eurent aussi leur part et non la moindre.

En l'année 1713, un long procès fut entamé au couvent des Pénitents de Rouen pour vente de remèdes et en la personne d'un frère Côme, cumulant dans la maison les fonctions de portier et d'apothicaire, ils se virent condamnés à 55 livres d'amende envers la Corporation.

Quelques années auparavant, vers 1704, ils avaient déjà encouru une condamnation pour le même motif.

Mais le procès le plus retentissant qu'ils engagèrent fut celui dirigé vers 1756 contre les Carmes établis à Rouen.

Il existait alors deux couvents de cet ordre dans notre ville.

L'un rue des Carmes, paroisse Saint-Lô, appelé monastère des Carmes déchaussés.

L'autre, installé faubourg Bouvreuil, paroisse Saint-Godard, connu sous le nom de couvent des Grands-Carmes.

Du premier monastère il ne reste rien.

De l'autre, au contraire, il nous reste leur superbe chapelle conventuelle, connue sous le nom d'église Saint-Romain. Ils étaient venus de Paris où ils avaient déjà eu maille à partir avec les apothicaires parisiens pour la vente illicite de drogues, et entre autres, de leur fameuse eau de Mélisse (une spécialité qui a eu la vie dure, celle-là !)

Sitôt installés à Rouen, grâce aux libéralités des présidents et magistrats de la Cour des Aydes, ils se mirent en devoir de fabriquer des drogues et d'essayer de les vendre. Pendant longtemps, le public fut méfiant et ne se laissa pas séduire. On finit par leur envoyer de Paris deux pères très adroits, qui réussirent rapidement à faire prendre leurs produits.

Les apothicaires ayant vainement adressé des protestations aux frères supérieurs de Rouen et de Paris, écrivirent alors au R. P. général des Carmes, à Rome, dénonçant la conduite des frères de Rouen et menaçant de poursuivre si les abus persistaient. — Celui-ci répond au Bureau qu'il a ordonné le déplacement des frères coupables et sollicite pour son ordre les bonnes grâces de la Corporation.

Forts de l'appui de leurs puissants protecteurs, les Carmes ne donnent aucune suite aux ordres formels de leur Ministre Général et continuent de plus belle leur commerce.

Pour mettre un frein à leurs menées, les apothicaires durent recourir aux tribunaux. Sur le conseil de leur avocat, ils adressent une requête au procureur, demandant qu'il soit rendu en leur faveur un arrêt confirmant les anciens édits et proclamant une fois de plus qu'eux seuls ont le droit de vendre et débiter des médicaments. Ils joignent à leur requête une liasse de reçus écrits et acquittés par les frères, établissant la contravention évidente.

Quelques mois après, il est rendu un arrêt confirmant les droits imprescriptibles des apothicaires et condamnant les deux couvents au coût des deux sentences, soit respectivement 25 et 30 livres.

Les apothicaires ayant eu gain de cause pouvaient se croire débarrassés pour toujours de ces concurrents sérieux. Il n'en fut rien, hélas !

Les gros bénéfices qu'ils avaient réalisés ayant développé chez eux le goût du commerce, ils foulèrent bientôt aux pieds les sentences rendues, et tenant presque boutique ouverte, ils étendirent leurs relations commerciales, non seulement dans la ville et la banlieue, mais encore dans un périmètre de plusieurs lieues.

C'en était trop.

Les apothicaires furieux s'adressèrent alors au Parlement, qui rendit un jugement condamnant les uns à 1,500 livres et les autres à 1,800 livres d'indemnité envers la corporation.

Cette fois ils en furent débarrassés. Le procès avait duré deux ans, et on peut estimer que les frais de justice et les amendes versées dans cette affaire s'élevèrent environ à 30,000 francs de notre monnaie.

En 1760, ils intentèrent un interminable procès à la corporation des vinaigriers distillateurs d'eau-de-vie, qui avaient émis la prétention d'empêcher les apothicaires de vendre toutes préparations pharmaceutiques contenant du vinaigre.

Ils s'étaient introduits *en armes* chez un sieur André Besserve, apothicaire, rue des Bons-Enfants, à l'encoignure de la rue Dinanderie (1) et avaient tenté de s'emparer de force d'une fiole

(1) Cette officine était installée dans un immeuble du xve siècle existant encore de nos jours et qui possède sur un de ses *pijarts* sculptés une statuette de Saint-Nicolas, l'un des patrons des apothicaires.

contenant de *l'eau divine* qui se trouvait devant la devanture de cette officine.

Traduits devant les tribunaux, d'abord par Besserve, pour violation de domicile et violences exercées contre lui, et par la corporation pour tentative d'empiétements sur leurs priviléges, les vinaigriers essayèrent, par l'intermédiaire de leur procureur, de se défendre par toutes sortes d'arguments plus subtils les uns que les autres. Le plus plaisant d'entre eux fut celui-ci :

« Nous autres vinaigriers distillateurs », écrivait l'avocat dans ses conclusions, « détenons seuls le monopole de toutes les distillations possibles. nous distillons *per ascensum*, nous distillons *per descensum*, alors que les apothicaires ne distillent que *per latus* (1) ».

Mais ce beau plaidoyer ne convainquit pas les juges, les vinaigriers furent bel et bien condamnés à l'amende et aux dommages-intérêts envers la communauté et Besserve (2).

Ainsi se défendaient-ils contre les empiétements de ceux qui tentaient de leur faire concurrence, pour conserver intacts les priviléges qui leur avaient été concédés.

VISITE DES OFFICINES ET DES BOUTIQUES

La visite des officines et boutiques d'épiciers et même des ciriers, constituait également une de leurs prérogatives.

Elle se faisait environ tous les trimestres.

La visite des officines était effectuée par les gardes apothicaires seuls, et lorsqu'ils exerçaient cet office chez les épiciers, ils étaient accompagnés des gardes de cette corporation et d'un officier de police pour dresser au besoin une contravention.

Ces fonctions étaient *gratuites*.

---

(1) Allusion à l'alambic à trompe d'éléphant, d'importation italienne, et dont l'usage était très répandu à cette époque.

(2) La pharmacie de Besserve existe toujours. mais pas dans le même immeuble, déplacée deux fois, elle est actuellement située au n° 56. rue des Bons-Enfants, et occupée par M. André Lemasson.

RÉPARTITION DES IMPOTS

Si, dans ces différentes attributions, quelques-unes sont restées aux pharmaciens, il en est une qui leur a complétement échappé : la répartition de l'impôt sur les membres composant la corporation.

Ils ne doivent pas, je crois, avoir à le regretter.

Lorsque l'assiette de l'impôt était établie, l'Intendant de la Généralité adressait au syndic un *État dit de Capitation* indiquant à quelle somme sa corporation était taxée, ainsi que le rôle de l'impôt connu sous le nom de *Vingtièmes de l'Industrie*.

Le syndic et les gardes en charge répartissaient le plus équitablement possible, et selon la fortune de chacun, les sommes prévues entre tous les membres inscrits au tableau de la corporation.

Le syndic était tenu de percevoir les sommes et de les verser au trésor. Pendant la deuxième moitié du xviiie siècle, les apothicaires rouennais furent taxés à 400 livres pour l'impôt de capitation et 156 livres pour les vingtièmes de l'industrie, et, chose curieuse à observer, ces impôts, qui étaient établis à la fin de décembre, étaient presque tous soldés en mars.

Plus anciennement, au commencement du xviie siècle, par exemple, alors que la corporation des apothicaires était encore unie aux épiciers, le syndic, qui était toujours un apothicaire, était pécuniairement responsable des deniers à percevoir.

La Communauté, dont le nombre des membres s'élevait alors à plus de 250, était imposée pour une somme de 5,000 livres On conçoit aisément les difficultés à surmonter pour répartir équitablement cet impôt considérable.

Des épiciers jaloux de la suprématie des apothicaires dans la corporation, n'acceptèrent pas toujours la répartition faite, et, pour leur susciter des embarras, refusèrent parfois de payer leur quote part de l'impôt.

Aussi voit-on, en 1644, saisir les biens de Jacques Le Chandelier, apothicaire, syndic de la corporation, demeurant place de

la Calende (1), paroisse Saint-Étienne-la-Grande-Église (2), jusqu'à parfait paiement des sommes dues au Trésor.

Il fallut un jugement du bailliage pour forcer les réfractaires à
payer, les juges ayant refusé l'autorisation de prendre à même
du coffre de la Communauté pour rembourser le fisc.

*
* *

En outre de ces diverses attributions, les apothicaires eurent à
se soumettre à de bien curieuses obligations.

Un arrêt du bailliage, du 27 septembre 1603, leur défendait,
aussi bien aux chirurgiens qu'aux médecins, de s'absenter de la
ville sans permission, et cela sous peine d'amende envers les
pauvres.

Plus tard, une ordonnance royale, non moins vexatoire, ren-
due à la fin du règne de Louis XIV, vers 1702, défendait aux
médecins, apothicaires et chirurgiens, de visiter, soigner ou délivrer des médicaments aux malades qui, dans les trois premiers
jours de leur maladie, n'avaient pu fournir un certificat de leur
confesseur.

En cas d'infraction à cette ordonnance, on pouvait être frappé
d'une amende de trois livres la première fois, de l'interdiction
pendant trois mois en cas de récidive et à la troisième fois de la
déchéance pour tout le royaume.

On ne badinait pas alors sur les questions touchant de loin ou
de près à la religion.

L'obligation dans laquelle on était tenu de présenter un certificat de catholicité lors des examens fut probablement la cause de
la disparition des protestants apothicaires à Rouen, tout au moins
depuis la dernière moitié du xviie siècle.

Il en existait cependant dans notre région : ceux-là peut-être,

----

(1) Le numérotage des maisons de Rouen ne date que du 12 juin 1788, en
exécution d'une loi promulguée au *Journal des échevins* le 16 septembre 1787,
art. 52. (Communiqué par M. Poulain, archiviste municipal.)

(2) Cette paroisse existait dans la cathédrale, sous la Tour-de-Beurre.

16

reçus comme catholiques, avaient bien pu changer de religion une fois établis.

On en rencontre à Dieppe qui furent obligés de fuir à l'étranger lors des persécutions.

L'un de ceux-ci s'appelait Moïse Lesire, se réfugia en Hollande ; il avait son officine rue du Haut-Pas.

Un autre, Jean de Caux, vraisemblablement apparenté au célèbre ingénieur dieppois et qui exerçait au Bras-d'Or, Grande-Rue, dut se réfugier clandestinement à Rye, en Angleterre (1).

F.-A.-H. DESCROIZILLES

Après vous avoir entretenu de quelques faits et gestes de la corporation des apothicaires, laissez-moi vous dire quelques mots sur l'un d'entre eux.

Si la ville de Rouen est justement fière d'avoir donné le jour au plus illustre pharmacien et chimiste du XVIIe siècle en Europe, à Nicolas Lémery, la corporation ne peut revendiquer l'honneur de le compter au nombre de ses membres.

A peine fut-il apprenti à Rouen, chez un de ses oncles, pendant quelques années (2).

Et puis, l'aurait-elle admise dans son sein ? Je ne le crois pas, car il était huguenot ; très à cheval sur les règlements et les principes, nos anciens n'auraient pas transigé.

Mais laissons-là Lémery, dont les biographies nombreuses ont indiqué ce qu'il fut et aussi le pas prodigieux qu'il fit accomplir à la chimie et à la pharmacie.

Celui dont je désire vous entretenir pendant quelques instants,

(1) *Journal de Jacob Lami de Dieppe*, publié par M. Lesens *in Bull. des églises wallones*, 1890, pp. 14 et 19.

(2) Cet oncle, un nommé Pierre Duchemin, fut poursuivi, en 1670, par le Collège des médecins, pour avoir critiqué une ordonnance du Dr Houppeville. Il dut faire amende honorable sur la place publique pour éviter le procès. (Voir A. Avenel, *Le Collège des médecins de Rouen.*)

et qui jeta un incomparable éclat sur la corporation des apothicaires rouennais, est Ant.-Henri Descroizilles.

Issu d'une honorable famille d'apothicaires qui exerça à Dieppe la profession pendant plus de cent ans, le jeune Descroizilles débuta dans l'officine de son père, sise alors place Royale (1), pour passer ensuite dans le laboratoire de Rouelle, sous la direction duquel il fit de rapides progrès.

Nommé bientôt démonstrateur royal de chimie à Rouen, Descroizilles fut choisi comme expert par le Parlement dans maints procès intentés à des falsificateurs de cidres où il eut l'occasion de battre victorieusement en brèche des théories surannées émises par François Mezaize, apothicaire, le savant officiel de l'époque.

La situation de professeur ne lui suffisant pas pour vivre, il résolut de se faire recevoir apothicaire ; le titre de démonstrateur royal de chimie lui permit d'obtenir du roi une dispense de stage dans une grande ville, et par là la possibilité de s'établir à Rouen.

Reçu en 1778, il fonda, rue du Gros-Horloge, paroisse Saint-Herbland, dans un immeuble du xviie siècle qui existe encore, une officine qu'il ne géra que pendant une dizaine d'années.

Il céda son officine à un autre chimiste de valeur, Arvers, pour ne plus s'occuper que de chimie industrielle.

« Doué d'une vive imagination et d'une activité incroyable, il fut auteur d'une foule d'inventions utiles qui ont rendu son nom à jamais célèbre.

« A peine le procédé du blanchiment par le chlore eut-il été publié par Berthollet, que Descroizilles s'empressa de le mettre en pratique dans un établissement de Lescure-lès-Rouen.

« Il réussit parfaitement, et bientôt même, par les améliorations qu'il y sut apporter, il décida son adoption dans toutes les fabriques.

« Après avoir perfectionné le procédé de Berthollet pour l'extraction du chlore, il imagina de la craie en suspension dans

(1) Cette pharmacie existe toujours dans le même immeuble, elle est actuellement gérée par notre sympathique confrère M. Guillard.

18

l'eau où il recueillait ce gaz et mit ainsi sur la voie de la découverte importante des chlorures de chaux, de potasse, etc. Il eut l'heureuse idée de construire, d'après le procédé d'analyse des alcalis par Vauquelin, un instrument qui pût être manié facilement par les hommes étrangers à la science. Il imagina *l'alcalimètre* qu'il fit servir aussi à l'évaluation du titre des vinaigres et de la force des dissolutions de chlore. C'est ce qu'il appela l'*Acétimètre* et le *Bertholimètre*.

« C'est encore à Descroizilles que l'on doit le premier instrument et le seul qui puisse donner des indications exactes sur la valeur des vins (1). »

Si, dans le commerce, l'alcalimètre qu'il fit construire porte son nom, il est un instrument incontestablement plus utile qu'il inventa et dont la paternité lui fut usurpée.

Jusqu'à la fin du xviiiᵉ siècle, on préparait le café soit par l'ébullition, soit *à la sultane*, ce dernier procédé employé de préférence dans la classe aisée, consistait à jeter de l'eau bouillante sur du café placé au fond d'une chausse de drap. Ce mode d'opérer faisait perdre presque totalement au produit son principe aromatique. Pour obvier à cet inconvénient, Descroizilles, très amateur de

> Cette liqueur si chère
> Qui manquait à Virgile et qu'adorait Voltaire.

eut l'idée de la préparer en vase clos. Il fit construire chez un ferblantier de notre ville, rue Damiette, un filtre dont le modèle, quoique vieux de plus d'un siècle, n'a pas encore changé.

C'est l'alambic en métal en usage dans tous les ménages (2).

L'un de ces appareils, mis en vente à Paris par notre fabricant rouennais, étant tombé entre les mains d'un certain abbé de cour, l'abbé du Belloy, très connu alors dans le monde par son goût pour le café, se vit prôné, vanté, tant et si bien que le modeste

(1) J. Girardin, *Leçons de chimie élémentaire.*
(2) Il dotait du même coup la pharmacie de *l'appareil à déplacement.*

filtre ne fut plus connu que sous le nom de *Cafetière à la du
Belloy* (1).

Quoique n'exerçant plus la pharmacie, Descroizilles apparte-
nait toujours à la corporation, inscrit au tableau et payant sa
part d'impôts. Il était tenu en très haute estime par tous ses confrères, sauf de l'un d'eux cependant, Mézaize, qui n'avait pu lui
pardonner l'échec lamentable qu'il lui avait fait éprouver devant
le Parlement lors d'une expertise de cidres falsifiés. Aussi, étant
syndic de la Corporation, le força-t-il, par des mesquineries
indignes d'un apothicaire d'alors, de renvoyer sa lettre de
maîtrise.

Il se retira à Paris, entra comme secrétaire archiviste dans
l'Administration des Douanes et mourut dans l'exercice de cette
fonction le 14 avril 1825.

CONFRÉRIE DES APOTHICAIRES

Avant de terminer cette étude, qu'il me soit permis de dire
quelques mots, non plus sur notre vieille corporation, mais sur
une association à laquelle elle fut intimement liée, je veux parler
de la Confrérie des apothicaires.

Si nous possédons de nombreux documents sur la corporation
des apothicaires rouennais, il n'en est malheureusement pas de
même pour la Confrérie.

Il ne reste rien ou à peu près de cette association.

On sait qu'elle tint ses réunions en l'église Cathédrale, dans la
chapelle dite des Brienchons, située non loin du portail de la
Calende, sous le vocable de Notre-Dame de Bonne-Nouvelle.

Cette chapelle fut fermée en 1637, par ordre des chanoines,
je croirais assez que nos apothicaires, à cette époque, portèrent
alors leurs pénates en l'église Saint-Cande-le-Vieux, cette ancienne
chapelle du château des ducs de Normandie.

(1) Chaptal, ami et commensal de Descroizilles à Lescure, propagea l'usage
de ce filtre dans le nord de la France, actuellement encore dans nombre de vil-
lages de la Picardie et de l'Artois, cet ustensile est désigné sous le nom de
chaptal.

En voici la raison :

Lors de la création de leur Jurande, environ vers 1610, les apothicaires installèrent leur fameux *Bureau* dans les spacieuses dépendances de la porte du Bac, sur le port.

Cette porte se trouvait sur la paroisse Saint-Cande-le-Vieux.

Du reste, une pièce authentique existant dans nos archives, pourrait, je crois, corroborer l'opinion que j'ai émise.

C'est un reçu de 47 l. 11 s. d'honoraires, payé au clergé de cette paroisse, pour un service d'actions de grâces, chanté dans cette église aux frais des apothicaires, à l'occasion de la naissance du Dauphin, en 1781.

Antérieurement, nos apothicaires, gens éminemment processifs, mais peut-être encore moins que les médecins, avaient, à l'occasion de leur confrérie, fait un singulier procès aux épiciers.

Ceux-ci, pour vexer leurs irréconciliables rivaux, avaient décidé de ne plus leur faire porter le *chanteau du pain bénit*.

Un manquement si grave aux usages devait être réprimé ; ils furent condamnés, en la personne de leur syndic, un sieur Jean Chauffart, à **27** livres d'amende et aux frais.

Enfin, cette ancienne corporation, vieille de plusieurs siècles, fut emportée comme toutes les autres par la tourmente révolutionnaire. Elle fit place à une Société dirigée d'abord par les mêmes hommes, mais sur d'autres bases, donnant un plus large essor à nos libertés professionnelles.

Le 18 août 1792, la corporation des apothicaires de Rouen avait vécu.

Cliché P. PERROT.

Phototypie Lecerf, Rouen

EXPOSITION FAITE A LA « TOUR AUX NORMANDS » (18-25 MAI 1902)

APPENDICES

INSCRIPTION D'APPRENTISSAGE EN PHARMACIE
DE NICOLAS LEMERY

Du mardy vingt six° jour d'octobre au dit an, devant ledit sieur de Brevedent Lieutenant General, Nicolas Leymery a esté juré aprenty de l'art d'appoticaire espicier soubz Pierre Duchemin maître dudit mestier pour le temps de l'ordonnance pendant lequel temps ledit maistre sera tenu quérir a son aprenty boire, manger, feu, lit et hostel et luy monstrer ledit art et mestier moyennant les pactions et accords faictz entr'eux présence des gardes année presente (1) (1660).

(Baillage de Rouen. Registre des réceptions de Maitres. Arch. départ.).

PIÈCES INÉDITES CONCERNANT F.-A.-H. DESCROIZILLES

Acte de Baptême (2).

Le samedi, douzième jour de Juin a été baptisé par moy prestre, second vicaire soussigné, François, Antoine, Henry, né de hier

(1) Cet intéressant document m'a été très obligeamment communiqué par M. Ch. de Beaurepaire, notre éminent archiviste départemental.

(2) Extrait du registre de la paroisse Saint-Jacques de Dieppe, 1751. (Archives du Palais-de-Justice de Dieppe).

du légitime mariage de Monsieur François Descroisilles, premier juge consul des marchands de cette ville et marchand apotiquaire, et de damoiselle Marie, Reine Niel, son épouse de cette paroisse ; le parain Monsieur Pierre Antoine François Niel, marchand de cette ville, la maraine, damoiselle Marie Catherine Descroisilles epouse du sieur Niel aussi marchand, tous deux de la paroisse de S* Rémy, le pére absent.

Signé Descroizilles, femme Niel.

Niel.

J. J. Gaillard, sous vicaire.

Lettre de Maitrise (1).

L'an de grâce mil sept cent soixante dix huit, le vingt septième jour de mai, devant nous Jean Claude Trugard, seigneur et patron de Maromme, conseiller du Roy, lieutenant Général de Police, au Baillage, Ville, et Vicomté de Rouen, se sont presentés devant nous honorables h / les sieurs Jean Baptiste Le Chandelier, Charles Nicolas le Borgne, François le Danoys, Henri Charles Fortin, Charles Ballière, et Nicolas Vasselin, maitres et gardes année présente de la communauté, des Apothicaires Épiciers, Ciriers, Droguistes et Confiseurs de cette ville, faubourgs et banlieue ; lesquels nous ont presenté la personne de François Antoine Henry De Croizilles fils de François, juré, apprenty dudit etat sous Charles Denis Ballière le 6 juillet 1775, ils nous ont declaré être capable et suffisant d'être reçu Maitre dudit etat d'apothicaire et dependances, par chef d'œuvres ayant été dispensé du temps prescrit de son brevet d'apprentissage suivant les lettres à lui accordées par le Roy le 14 janvier dernier. A ces causes, du consentement du procureur du Roy de ce siége, nous avons ledit Antoine François Henry de Croizilles reçu Maitre dudit etat d'Apothicaire et dependances par chef d'œuvres vu les lettres de dispenses a lui accordées pour par lui en jouir et l'exercer ce jour

(1) Archives des Apothicaires de Rouen.

et a l'avenir ainsi que les autres maitres (de celui art) et de quoi
nous avons dudit de Croizilles pris et reçu le serment au cas
requis, fait et delivré comme dessus.

Trogard	Vasselin.
Le Danoys le Jeune	Henry Fortin
Le Chandelier	Le Borgne

Lettre de Descroizilles (1).

Rouen, le 18 février 1788.

Messieurs les Maitres en pharmacie de Rouen.

Messieurs,

Dans l'affaire des Cidres, après beaucoup de ménagements
pour ne blesser l'amour-propre de personne, lorsque je ne dési-
rais que de faire éclaircir une question qui interessait toute la
province, les persecutions de M. Mezaise me forcèrent de devoiler
publiquement ses erreurs, pour ne rien dire de plus, et je fus
complettement vengé par un tribunal superieur.

C'est le ressentiment de cette affaire qui m'en attire une nouvelle aujourd'hui ; je n'ai plus le même interêt à m'en deffendre
et le parti qui me semble le plus prompt pour la terminer est de
vous prier, Messieurs, d'agréer le renvoi de mes lettres de maitrise, en Vous annonçant par là, qu'il ne faut plus me compter
au nombre des maitres en Pharmacie de cette ville, renonçant
absolument et pour toujours a ce titre, Vous sentez que je ne dois
plus en supporter les charges. Je ne m'en suis fait gloire jusques
à present que parce qu'il me procurait l'honneur de me dire
Votre confrère. Il m'en coutait cependant d'avoir quelque chose
de commun avec M. Mezaise, et il peut bien compter que je ne
chercherai jamais à m'introduire partout ou il pourra se trouver,
quelqu'estime que j'aie d'ailleurs pour les compagnies dont il est
membre, peu m'importe en verité ce que pensent de moi

(1) Archives des Apothicaires de Rouen.

M. Mézaise et tous ceux qu'il a su mettre dans ses intérêts.

N'exerçant plus l'etat de Pharmacie et recherchant toutefois la prérogative d'être admis dans Vos assemblées générales, je Vous avais donné, Messieurs, une preuve de mon zèle vraiment désintéressé pour la Pharmacie et de mon attachement pour Vous ; Vous m'aviez donné la Vôtre, en m'accordant l'objet de ma demande, recevez en le temoignage de ma reconnaissance et croyez a l'estime respectueuse, avec laquelle je serai toute ma vie,

    Messieurs,

Votre très humble

et très obeissant serviteur

DESCROIZILLES.

Billet de Renonciation à Maîtrise (1).

L'an mil sept cents quatre vingt huit le dix neuf fevrier a la requête du sieur Descroizilles demonstrateur Royal de Chimie en la ville de Rouen, y dmt Rempart de Beauvoisine parroisse de Saint Nicaise ou dcille est élu Jay Jean Masset huissier au Baillage de Rouen p^rt y demeurant rue de l'estrade parroisse de St Etienne des tonnelliers, soussigné, signifié, dit et declaré a M. M. les maîtres en pharmacie de la ville de Rouen En leur Bureau située audit lieu sur la porte du Bac parroisse de St Cande Levieu en la personne du Sr Lefebvre leur Clerc lui parlant audit s^r Lefebvre trouvé au Bureau après midy chargé de f^re savoir ce qu'il a accepté la ditte lettre pour la ditte communauté ce qu'il a signé (Lefebvre) que malgré le regret qu'il a de renoncer a ce titre honorable destre leur confrère Il se determine a ce party a cause de la persecution nouvelle qui luy est suscité par l'un d'eux son Ennemie declarée, depuis l'epoque ou ledit sieur Descroizilles s'est vu forcé de denoncer publiquement des erreurs prejudiciables a tout cette province p^r le fait des Cidre, des Jurisconsultes justement

---

(1) L'ortographe de cette pièce a été scrupuleusement respectée.

accredités assurent ledit S^r requerant qu'il a lieu d'esperer une justice complette aupres des tribunaux, mais lamour de la paix etouffant le resentiment Il ne croit pouvoir mieux faire la susditte pretention qu'en remetant sa Lettre de maitrise avec la presente signification a la ditte Communauté par laquelle il annonce la Renonciation formelle a ladite maitrise dapoticaire, Renonciation d'apres laquelle il doit s'attendre que son nom ne sera plus employé sur aucun des tableaux de laditte Communauté et qu'egallément Il ne sera plus susceptible d'aucunes des taxes et droits royaux qui se perçoivent sur les dits Maitres en pharmacie de la ville de Rouen ; en consequence de laquelle renonciation Jay montrée, et lecturée en original a M. M. les Maitre en pharmacie de la ditte ville de Rouen parlant c^me dessus (1).

MASSET.

Apothicaires reçus à Rouen depuis 1711 jusqu'en 1802 (2).

POUR EXERCER A ROUEN :

Jacques-François le Carbonnier, 25 octobre 1721. Jean-François Hedou, 3 septembre 1726. François Le Cointre, 23 août 1735. Jean-Baptiste le Danoys, l'ainé, 21 octobre 1734. François le Danoys, le Jeune, 22 octobre 1740. Charles-Pierre le Chandelier, 31 octobre 1740. Pierre-Adrien le Chandelier (fils de maître), 4 octobre 1742. Jacques-François le Carbonnier (fils de maître), 15 mai 1748. Charles Balliére, 28 novembre 1755. Jean-Baptiste-Gabriel le Chandelier (fils de maitre), 26 mai 1775. André-Isidore-Henry Besserve, 22 octobre 1777. François-Antoine-Henry Descroizilles, 27 mai 1778. Charles le Chandelier (fils de P.-A. le Chandelier), 3 mai 1780. Guillaume-Jacques Hüe, 24 octobre 1781. Pierre-Richard le Chandelier, 2 août 1786. François Arvers, 31 octobre 1786.

(1) Archives des Apothicaires de Rouen.

(2) Extrait du Registre des délibérations et réceptions (Archives des Apoth. de Rouen).

REÇUS AVEC LE PRIVILÉGE DE L'HOSPICE-GÉNÉRAL :

Philippe-Romain Jamet, 19 avril 1711. Philippe Jamet (fils de maître), 16 mars 1750. Pierre Jalama, 16 mai 1760. Nicolas-Remy Taillefesse, 12 avril 1782. Marc-Charles Langlois, 22 août 1781.

REÇUS AVEC LE PRIVILÉGE DE L'HOTEL-DIEU :

Charles-Michel de Laisement, 3 septembre 1747. Jean Besserve, 1748. Charles-François le Carpentier, 1760. Charles Guesnon, février 1760. Pierre-François Mezaise, 8 février 1774. Guillaume Dubuc, 30 mai 1785.

REÇUS POUR EXERCER HORS ROUEN :

Jean Besserve, 13 octobre 1742, Vernon, Charles le Carpentier, 1742, Caudebec (1). Augustin Langlois, 6 novembre 1747, Louviers. Etienne-Claude le Tellier, 27 juin 1750, Evreux. Pierre-Adrien Anquetil (ex officio) 26 août 1751, Neufchâtel. Jacques Fauche, 2 mars 1752, Argentan. Félix Denize (fils de feu maître), 25 octobre 1752, Neufchâtel. Jacques-Charles Demalendre, 6 août 1754, Montivilliers. Christophe Letang, 1er mars 1755, Gisors. Jacques-Mathieu Auber (fils de feu maître), 22 août 1755, Andely. Robert Varin, 7 août 1756, Cany. Laurent Legrand, 21 octobre 1756, Saint-Saëns. Alexandre Lepage, 4 janvier 1757, Conches. Anselme-Eimé Duchamel, 1 mai 1757, Gournay. Jean Berton, 13 octobre 1757, Fécamp. Joseph-Eléonor Duhamel, 12 avril 1758, Gournay. Charles Pilet, 9 mai 1758, Orbec. Michel Lamer, 10 août 1758, Lyons. Pierre Le François, 16 septembre 1758, le Havre. André-Jean-Baptiste Le Danoys, 30 octobre 1758, Bernay. Nicolas-Jean-François Thierry, 6 novembre 1758, Pont-l'Evêque. François Le Hure, 5 juillet 1759, Bernay. François-Gaspard Desormeaux, 27 octobre 1759, Pont-Audemer. Richard Blondel, 12 juillet 1762, Pont-Audemer. Louis Lefebvre, 6 août 1768, Lisieux. Philippe-

---

(1) Vint ensuite s'établir à Pont-Audemer.

Jean-François Thiercelin, 4 avril 1769, Vimoutiers. Jacques Benet, 7 septembre 1769, Yvetot. Pierre Moutier, 14 octobre 1769, Louviers. Robert Lefebvre, 27 octobre 1769, Montivilliers. Noël-Gilles de Lagomière, 14 août 1770, Lisieux. Jean-François Levert, 1er mai 1771, Vernon. Louis-Adrien Gamare, 30 juillet 1771, Pont-Audemer. Eustache Poignavant, 25 août 1772, Montivilliers. Jacques-Etienne de Genetai, 30 juin 1774, Fécamp. André-Pascal Damour, 6 octobre 1774, Vimoutiers. Hébert, 25 avril 1775, Pont-Audemer. Marin-Jean-Baptiste Périer, 11 mai 1775, Orbec. Paul-Louis Chédieu, 16 octobre 1776, Evreux. Jacques Leconte, 18 avril 1777, Condé-sur-Noireau. André Baston, 14 mai 1777, Pont-Audemer. Jean-François Deslandre, 26 septembre 1777, Louviers. Simon-Jude Baillage, 12 août 1778, Montivilliers. Denis Mouton, 1er octobre 1778, Louviers. Louis-François Hardy, 30 juillet 1779 *(ex officio)*, Caen. François Lefebvre, 2 octobre 1779, Andely. Louis Anquetil, 12 octobre 1781, Saint-Saëns. Pierre Rebut, 26 octobre 1781, Honfleur. Montier, 12 août 1783, Andely. Jaillet, 30 octobre 1783, Gournay. Letorey-Dubutrel, 30 mai 1784, Pont-Audemer. Le Bourcier, 18 août 1784, Montivilliers. Tillard-Disaires, 25 août 1784, Bayeux. Pellevey, 22 avril 1785, Bernay. Balthazar Rettner, 17 octobre 1785, Dieppe (1). Pierre Delestre, 24 août 1787, Neufchâtel. Jean-Baptiste Taillefesse, dit Taillefer, 12 avril 1788 *(ex officio)*, Pont-l'Evêque. Antoine-Jacques-Bernardin Abraham, 30 octobre 1788 *(ex officio)*, Le Havre. Jacques-Alexandre Coutil, 30 avril 1789, Gisors. Philippe-Marie-Louis Saunier, 23 mai 1789, Gisors. Quatrenoix, 7 décembre 1789 *(ex officio)*, Neufbourg. Marin Lesas, 27 octobre 1790, Etrépagny. Nicolas Denize, 30 octobre 1790, Neufchâtel. Nicolas-Marin Letellier, 8 brumaire an VI (étendue de la République). Alexandre-Jules-César Thommerel, frimaire an VI (Etendue de la République). Joseph-Marie-Séverin Duhamel, 30 floréal an X,

---

(1) Exerçait à Cany avec un diplôme délivré par les Apothicaires de Caudebec, chef de Caux, dut se représenter à Rouen pour fonder à Dieppe, place du Puits-Salé.

Gournay. Bertout, 2 prairial an X, Saint-Saëns. Michel-Victor Godefroy, 2 prairial an X. Pierre-Charles-Catherine Levavasseur, 29 vendémiaire an XI, pour Andely et département de l'Eure. Desgenetais, 8 brumaire an XI, le Hàvre. Réné-Charles Josseaume, 1er pairial an XI, Gournay.

Exposition.

A l'issue de la séance générale qui eut lieu dans la grande salle de l'Hôtel-de-Ville, la Société fit visiter à ses invités et aux personnes qui avaient assisté à cette cérémonie, le siège social de notre Syndicat à la Tour aux Normands, local gracieusement mis, depuis 1816, à la disposition de la Société des pharmaciens par la ville de Rouen.

Dans la salle des collections, nos visiteurs purent admirer d'abord une importante série de documents tant manuscrits qu'imprimés tirés de notre vieux Chartrier, dont plusieurs pièces remontent au XVe siècle : Ordonnances royales, arrêts du Parlement de Normandie et du Bailliage de Rouen, synthèses, lettres de maitrise, grosses de jugements rendus à la requête des apothicaires, etc., etc. Puis une curieuse bibliothèque composée exclusivement d'ouvrages pharmaceutiques publiés tant en France qu'à l'étranger aux XVIe, XVIIe et XVIIIe siècles.

Enfin, dans la salle des séances, dont les murs étaient tapissés de vieux documents sur parchemin et d'anciennes gravures représentant les différents locaux occupés pendant trois cents ans par la corporation et la Société des pharmaciens, se trouvait installée, sur des meubles, une intéressante exposition d'ustensiles provenant d'officines rouennaises disparues aujourd'hui pour la plupart. Des pots en *vieux Rouen* des pharmacies Mezaise, Ballière de Laisement, le Danoys, Jacques Hüe, etc., des potiches ayant décoré la boutique d'un chirurgien et portant les armoiries de cette corporation. Une série de jetons des apothicaires, épiciers et ciriers, quelques mortiers en bronze et en grès, des séries

Cliché P. PERROT — Phototypie Lecerf, Rouen

EXPOSITION FAITE A LA « TOUR AUX NORMANDS » (18-25 MAI 1902).

d'anciens poids, un aréomètre en argent, un trébuchet, des sceaux, etc., etc.

Pour répondre au désir exprimé par de nombreuses personnes, il fut décidé que cette exposition serait ouverte au public le dimanche suivant, 25 mai, de neuf heures à six heures. Environ deux cents personnes s'y rendirent, et pour la plupart apposèrent leur signature sur le registre des procès-verbaux.

PRINCIPAUX OUVRAGES EXPOSÉS.

Mesuë (1) cum expositione Mondini super canones universales ac etiam cum expositione Christophori *(Goth.). Lyon, 1510.*

Index librorum in presenti volumine contentorum Dyoscoridis exactissimi in dagatoris fidelissimis scriptoris virtutū simplicissimū medicinarū libr. cccccccvij continens capitula : cum noñullis additionibus Petri paduanēsis in margine libri notatis. Ejusdem Dyoscoridis de naturis et virtutibus aquarum tractatus unus *(Goth.). Lyon, 1512.*

Galeni de affectorum locorum noticis, libri sex, Guillelmo Copo Basileiensis, interprete. *(Collection A. Poussier), Paris, 1513.*

Nicolaï Prepositi medici clarissimi Isagoge, sive introductiones in arte apothecariatus nuperrime summa lucubratione recognite additionibus nec non cum pluribus receptis et utilissimis exornate incipiunt. *Lyon, chez Denis Harsy, 1528.*

Onomastikon medicinæ, Othonis Brunfelsii Medicinæ professor. *Strasbourg, 1534.*

Claudij Galeni Pergameni de differentiis febrium libri duo, Laurentio Laurentiano Florentino interprete : accuraté per Simonem Thomam recogniti et ex fide Grœci exemplaris pené alii facti. *Paris, 1539 (Collect. A. Poussier).*

Nicolaï Myrepsi Alexandrini medicamentorum opus (3). *Bâle, 1549.*

(1) Mesuë, compilateur de Serapion qui vivait au viiiᵉ siècle, a été surnommé *l'Évangéliste des Apothicaires.*

(2) Dioscoride, medecin d'Anazarbe, en Cilicie.

(3) Ce Codex, connu sous le nom d'Antidotaire de Nicolas, fut la *charte des Apothicaires* du xiiiᵉ au xviiᵉ siècle.

30

Historia Plantarum, Ant. Pincei. *Lyon, 1561 (Collect. A. Poussier)*.

Brief traicté de la Pharmacie provinciale et familiére, *par M. Antoine Constantin, D. M. à Aix en Provence, Lyon, 1597 (Collect. A. Poussier)*.

Luminare Majus quondam elaboratissimis Joannes Jacobi Manlii et Jani Mathei Durastantis (1). *Venise, 1566*.

De usitata hujus temporis componendorum miscendorumque medicamentorum ratione... Leonharto Fuschio auctore. *Bâle, chez J. Oporinus (s. d.)*

Discours et Demonstrations des ingrediens de la Theriaque, *par Laurens Catelan. Lyon, 1614*.

Le grand Thrésor ou Dispensaire et Antidotaire tant general que special ou particulier des remédes servant a la santé du corps humain, *dressé en latin par Jean-Jacques Wecker, docteur-médecin de Basle et depuis fait en français et enrichi d'annotations par lan du Val, docteur-médecin d'Yssoudun . Geneve, 1616. (Collect. A. Poussier)*.

Paraphrase sur la Pharmacopée, *divisée en deux livres, par M. Brice Bauderou. Lyon, 1623. (Collection A. Poussier)*.

Essay des Merveilles de la Nature et des plus nobles artifices, *par Réné François. Rouen, chez Osmont, 1629*.

La Semaine des Médicaments observée és chef-d'œuvres des Maitres Barbiers Chirurgiens de Paris, *par Jean Bonnart. Paris, 1629*.

Hyeronymi Mercurialis Foroliviensis sui seculi medicorum facile principis omnes Hippocrates Aphorismos praelectiones Patavinæ. *Lyon, 1631*.

Guillemi Ballonii consiliorum medicinalium a Jacobo Thévart. *Paris, 1635*.

Codex medicamentarius seu Pharmacopœa parisiensis. *Paris, 1638*.

---

(1) Les divers frontispices qui figurent dans cette publication ont été tirés de cet ouvrage.

MATTHIAE TILINGII
Med. U. Doct. et in
Academia Holso-Schaum
burgica Professoris Publ.
DE
LAUDANO OPIATO
LIBER SINGULARIS
Francofurti.
1671.
Apud Wilhelm Richard Stockium

Angeli Sale Vicentini opera chymico-medica quæ extant omnia. *Francfort, 1647.*

Codex medicamentarius seu pharmacopœa tolosana. *Toulouse, 1648.*

Orthodoxe, ou de l'abus de l'Antimoine, *par Claude Germain. Paris, 1652.*

Lazari Riveri observationum medicorum. *Lyon, 1659.*

La Pharmacie théorique, *par M. Chesneau. Paris, 1660.*

Le Cours de medecine en françois, contenant le Miroir de la Beauté et Santé corporelle, *par M. Louis Guyon (4ᵉ édition). Lyon, 1664.*

Anchora salutis sacra, seu Laudano Opiato medicamine isto divino ac cœlitas demisso liber singlaris, auctore Matthia Tillingio, M. U. Doctore. *Francfort, 1671.*

La Pharmacopée de Bauderon, *revuë et corrigée par François Verny, maitre apothicaire a Montpellier. Lyon 1672. (Collect A. Poussier).*

Dictionnaire pharmaceutique ou plus tot Apparat medico-pharmaco-chymico, *par M. de Meuve, 2 vol. Paris, 1677 (Collect. A. Poussier).*

Toutes les Œuvres du Medecin charitable, *par Philibert Guybert, escuyer, docteur regent en la Faculté de Medecine à Paris (1). Rouen, chez Besongne, 1678. (Collect. E. Spalikowski).*

La Chymie charitable et facile en faveur des Dames, *par Mˡˡᵉ M. M. (Marie Meurdrac), 2ᵉ édition. Lyon, 1680. (Collect. Dubamel).*

Pharmacopœa Regia Galenica et Chymica, *par Moyse Charas, 2 vol. Genève, 1684.*

Theriaque d'Andromachus, *par Moyse Charas. Paris 1685.*

---

(1) Ce formulaire populaire fit un tort considérable aux apothicaires de France. Publié à l'instigation de Guy Patin par vengeance contre ces derniers, il fut imprimé plusieurs fois à Paris (1632-1639 et 1644). La Bibliothèque municipale de Rouen en possède un exemplaire imprimé à Toulouse, chez Colmiez, en 1655. — Voir : *La Vie privée d'autrefois, Les Medicaments,* par A. Franklin.

34

Icones Stirpium seu Plantarum, tam exoticarum quam indigenarum. *Anvers, chez Plantin, 1691.*

Pharmacopœa Lillensis. *Lille, 1694.*

Le Marchand sincère ou Traité général des Drogues simples et composées, *par M. Pomet. Paris, 1695. (Collect. J. Taurin).*

Collectanea Pharmaceutica seu apparatus ad novam Pharmacopœam auctore Ludovico Penicher. *Paris, 1695.*

Pharmacopée universelle, *composée par M. Nicolas Lemery. Paris, 1697. (Collect. J. Legrand).*

Histoire des plantes qui naissent aux environs de Paris, avec leur usage dans la medecine, *par M. Pitton de Tournefort. Paris, 1698. (Collect. A. Poussier).*

Pharmacopœa Amstelrodamensis. *Leyde, 1701.*

Traité de l'Antimoine, *par M. Nicolas Lemery. Paris, 1707. (Collect. Delehaye).*

Nouveau Traité de la Thériaque, *par Christophle de Jussieu, maitre apothicaire de la ville de Lyon. Trevoux, 1708.*

Pharmacopœa universale di Nicolo Lemery tradotta della lingua francese. *Venise 1720. (Collect. Alb. Gascard).*

Cours de Chymie, *par M. Nicolas Lemery, 12e édition. Lyon, 1724. (Collect. J. Legrand).*

Pharmacopeia extemporanea per Thomam Fuller M. D. *8e édition. Amsterdam, 1731.*

Dispensatorium Regium et Electorale Borusso-Brandenburgicum ab Ernesto Fagino, Augustano. *Erfurt, 1734.*

Pharmacopœia Collegii Regii Medicorum Edinburgensis. *2e édition. Gottingue, 1735.*

Pharmacopœa Leodinensis. *Liège, 1741.*

Tarif général des compositions galéniques et chimiques arrêté par délibération des Marchands Apoticaires-Epiciers de la Ville et Banlieuë de Roüen, *approuvé par Messieurs les Médécins et omologué par sentence de police. Rouen, 1747.*

Codex parisiensis seu Pharmacopœa Parisiensis. *Paris, 1748. (Collect. J. Legrand).*

Dictionnaire universel des Drogues simples, *par feu Lemery, 3ᵉ édition. Paris, 1748. (Collect. Mulot)*.

Pharmacopea Leidensis. *Leyde, 1751.*

Pharmacopée Royale Galenique et Chimique, *par Moyse Charas, nouv. édition, 2 vol. Lyon, 1753. (Collect. A. Poussier)*.

Cours de Chymie, *par* M. Nicolas Lemery (1), *nouv. édition revue et corrigée par M. Baron. Paris, 1756.*

Codex medicamentarius seu Pharmacopœa Parisiensis *(J.-B. Boyer), 5ᵉ édition. Paris, 1758.*

Pharmacopœa Hagana ex auctoritate magistratis poliatrorum opera. 3ᵉ *édition. La Haye, 1758. (Collect. A. Poussier)*.

Dictionnaire raisonné universel d'histoire naturelle, *par* M. Valmont de Bomare (2), *nouv. éd. Paris, 1759. (6 vol.)*.

Collection de quelques parties du règne animal d'usage en médecine. *Manuscrit anonyme, 350 p., s. d. (Collect. Mulot)*.

Les Fraudes de la Chymie et de la Pharmacie, *traduit de l'anglois. La Haye, 1759. (Collect. A. Poussier.)*

Traité des Eaux minerales de la ville de Rouen, *par* M. *de Nibell. Rouen, 1759. (Collect. A. Poùssier.)*

Manuscrit anonyme de matière médicale, *400 p., s. d. (Collect. A. Poussier)*.

Pharmacopœa Wirtenbergica. *Stuttgard, 1760.*

Observations pour servir d'addition à mon abregé de médecine pratique et à mon abrégé d'anatomie (1760), *par L.-J. Decroix père, apothicaire à Lille, man. de 200 pages. (Collect. Delehaye)*.

Statuts, ordonnances, arrests et reglemens des marchans apoticaires-épiciers et des marchands épiciers-ciriers droguistes et confiseurs de la ville, fauxbourgs et banlieuë de Roüen. *Rouen, 1762, J. J. Le Boullenger.*

Caroli V. Linne Genera Plantarum. *Stockolm 1764. (Collect. A. Poussier.)*

---

(1) Ouvrage offert à la Bibliothèque de la Société par M. Tirel, bibliophile rouennais.

(2) Ouvrage offert à la Bibliothèque de la Société par M. A. Poussier.

Index pharmacopolii completi cum calendario pharmaceutico. *Leipsick, 1767.*

Pharmacopœia extemporanea per Thomam Fuller M. D. editio castigatior curante Th. Baron D. M. P. *Paris, 1768.*

Examinis chemici doctrinæ Meyrianœ de acido Pingui et Blackianœ de acre fixo respectu calcis rectificatis. Henrici Joan. Nepom. Cranz. *Leipsick, 1770. (Collect. A. Poussier).*

Pharmacopœa helvetica. *Bâle, 1771.*

Commentaire du Dispensaire de Lille, *imprimé en 1772, ou Pharmacopée raisonnée, par Louis-Joseph Decroix, apothicaire et chymiste à Lille, ms. en 5 vol. de 200 p., 1773. (Collect. Delchaye).*

Pharmacopœia Collegii Regii medicarum Edinburgensis, *2e édition. Edimbourg, 1774.*

Pharmacopœa Genevensis ad usum nosocomiorum. *Genève, 1780.*

Pharmacopœa Rossica. *Saint-Pétersbourg, 1782.*

Pharmacopœa Herbipolitana ad usum patriæ congesta. *Bamberg et Wurtzbourg, 1782.*

Abrégé de l'Histoire des Plantes usuelles, *par feu J.-B. Chomel. Paris, 1782. (Collect. A. Poussier.)*

Thériaque d'Andromachus, *par Moyse Charas, nouv. édition revuë et augm. Paris, 1785. (Collect. A Poussier).*

Pharmacopœa Wirtembergica. *1785.*

Pharmacopœa in usum nosocomii Fredericiani hafniensis. *Christiania, 1788.*

Pharmacopœia Collegii regalis medicorum Londinensis. *Paris, 1788.*

Libellus Pharmaceuticus, Johannes Bernardus Keup. D. M. edidit. *Duisbourg-sur-le-Rhin, 1789.*

Pharmacopœa in usum studiosorum, Gull. Saunders med. Lond. *Leipsick, 1790.*

Pharmacopœa in usum officinarum Reipublicœ Bremensis conscripta. *Brême, 1792.*

Pharmacopœa Austriaco-Castrensis. *Vienne, 1795.*

Pharmacopée à l'usage des hospices civils, des secours à domicile, des prisons et des dépôts de mendicité. *Paris an XI (1803).*

Cliché A. RISLER.   Phototypie Lecerf, Rouen

JETONS DE LA CORPORATION DES APOTHICAIRES
DE ROUEN.

Jetons de la Corporation des Apothicaires, Épiciers, Ciriers de Rouen.

L'usage des jetons dans la Corporation des Apothicaires, Épiciers, Ciriers de la ville, faubourgs et banlieue de Rouen paraît
remonter à la fin du xviiᵉ siècle.

Ces jetons étaient en argent, du module de 30 millimètres
environ, du poids de 9 grammes et demi et d'une valeur représentative de deux livres soit environ dix francs de notre
monnaie.

Ils n'étaient pas seulement distribués aux membres présents
lors des différentes assemblées de la Communauté ou de la Confrérie, mais encore et surtout à l'occasion de la réception d'un
nouveau maître dans la Corporation, apothicaire, épicier ou
cirier, pour solder, d'une façon discrète, les honoraires des
gardes formant le jury d'examen.

Le nombre de ces jetons ou jettons (1) comme on disait alors,
distribués lors d'une réception d'un maître apothicaire, par
exemple, était assez considérable pour constituer aux examinateurs, médecins, gardes en charge ou anciens gardes, un véri-
table bénéfice.

Aux réceptions d'apothicaire pour une grande ville, il en était
délivré 150 environ et 130 lorsque le candidat avait choisi une
petite ville ou un bourg comme lieu d'établissement.

Ces jetons étaient payés par l'aspirant qui les achetait au clerc
du bureau de la Corporation, sans préjudice des 700 livres qu'il
versait après réception à la « boëtte » de la Communauté et des
3 ou 6 livres selon le cas au bureau des pauvres valides.

Ils avaient également un autre emploi. Lorsqu'un haut fonc-
tionnaire ou un premier magistrat nouvellement promu venait
prendre possession de son siège, les membres composant le
bureau des différentes corporations avaient coutume, en allant

(1) Les premiers jetons s'appelèrent d'abord *gerloires*, puis *gettons* ou *gelon* et
jettons.

38

saluer le nouveau personnage, de lui remettre une centaine de jetons neufs.

Ils leur étaient remis dans de jolies bourses en velours (1), sur lesquelles étaient brodées les armoiries ou les initiales de celui auquel elles étaient destinées.

Parmi les quatre jetons que nous reproduisons, il en est un qui fut frappé pour les apothicaires de Paris et dont il porte, du reste, la légende : *Lances et pondera servant*, ce jeton fut employé pendant quelques temps par nos apothicaires rouennais.

Quant aux autres, ils n'en firent graver que les revers, les différents coins des avers servant au besoin à toutes les corporations en général.

Le coin du jeton représentant une vipère dressée sur sa queue, en face d'un coq et portant comme devise : *Et vigil et prudens* servit en 1756 à frapper une pièce en l'honneur du chirurgien de Louis XV, qui signa les statuts de la Corporation des chirurgiens de Rouen.

REGNANTE

LUDOVICO XV

AUXILIIS D. D.

DE LA MARTINIÈRE

EQUITIS CONSILIARII

ET PRIMARII

REGIS CHIRURGI

1753.

Cette note et la planche qui l'accompagne furent publiées, à l'occasion du Centenaire, dans le n° 10 de la *Revue médicale de Normandie*, le 25 mai 1902.

(1) On a pu voir, l'an dernier, à l'Exposition des Arts appliqués à la décoration des tissus, organisée à Rouen par la Société industrielle, une très intéressante série de ces bourses, provenant de la collection de M. R. Garreta.

TABLE

www.ingramcontent.com/pod-product-compliance
Lightning Source LLC
LaVergne TN
LVHW022351170726
843503LV00008B/3668